내 마음에 피는 노래

내 마음에 피는 노래

발행일	2025년 10월 12일
지은이	백대현
펴낸이	백대현
펴낸곳	도서출판 정기획(Since 1996)
출판등록	2010년 8월 25일(제2010-000003호.)
주소	경기도 시흥시 서촌상가4길 14
전화번호	(031)498-8085, 010-2310-8085
팩스번호	(031)498-8084
이메일	cad96@naver.com

ISBN   979-11-93579-15-2 03800 (종이책)   979-11-93579-20-6 05800 (전자책)

백대현 시집

내 마음에 피는 노래

정기획

시인의 말

시(詩, Poem)는 마음에서 피어나는 노래입니다. 제목 『내 마음에 피는 노래』는 이 정의에서 시작했습니다. 윤동주는 "시는 인간의 영혼이 부르는 노래", 마야 안젤로(Maya Angelou)는 "시란 마음의 진실을 말하는 것"이라는 말도 같은 맥락에서 이해할 수 있습니다.

첫 시집 『사랑하니까』에 이어 두 번째 시집 『내 마음에 피는 노래』를 독자 앞에 올립니다. 1집이 '사랑과 고통 그리고 삶'이었다면, 이번 시집은 그 연장선에서 '삶과 사랑의 자기표현(自己表現)'입니다.

삶은 톨스토이(Tolstoy)의 "인간의 행복은 멀리에 있는 것이 아니라 내 마음속에 있다."에서, 사랑은 셰익스피어(Shakespeare)의 "사랑은 눈으로 보는 것이 아니라 마음으로 본다."에서 영감을 얻었습니다. 이 시집에 담긴 모든 시는 눈으로 본 풍경이 아니라 마음으로 느낀 글입니다. 우리 각자 살아가는 동안 사랑하는 상대에게 표현한 마음의 언어입니다. 여기서 사랑하는 상대는 타인만이 아니라 나 자신도 포함됩니다.

삶과 사랑은 동전의 앞뒤와 같습니다. 사람은 사는 동안 사랑해야 합니다. 이기적으로 들릴지라도 나 자신을 먼저 사랑해야 하고 이어서 가족이나 지인 등 오늘 관계하는 모든 인연도 사랑해야 합니다. 자신에게도 타인에게도 사랑하는 마음을 똑같이 표현해야 합니다. 시는 사랑을 전하는 노래이고 노래는 삶의 필수요건입니다.

　보통 사람은 시 쓰는 것을 어려워합니다. 시를 쓰는 데 중요한 것은 특별한 재능보다 마음 자세입니다. 우리가 살아 있다는 것은 내, 외적 작용 때문에 일어나는 생각, 감정, 의지 등 마음이 움직이는 것을 말합니다. 그 움직임이 밖으로 나오면서 음성 또는 문자로 표현됩니다. 표현한 내용을 문자로 기록하면 바로 시가 되는 것입니다.

이 책은, "시는 아무나가 아니라 누구나 시를 쓸 수 있다."라는 동기와 믿음을 전합니다. 내가 쓴 시가 또 다른 누군가의 삶에 위로와 울림을 줄 수 있습니다. 그때 우리는 서로를 살리는 상생(相生)의 길을 걷게 됩니다. 그것이 서로 사랑하면서 단 한 번뿐인 인생을 공존하고 공생하는 길이며 인간 삶의 본질(本質)이라고 믿고 있습니다. 이 글을 읽는 독자분도 시인이 되었으면 좋겠습니다.

가을 문턱에서
백대현

2부
사랑의 노래

1부
삶의 노래

"인생을 사는 데는 딱 두 가지 방법이 있다.
내게 주어진 모든 것이 기적인 듯 사는 것과
아무것도 기적이 아닌 듯 사는 것이다."

— 알베르트 아인슈타인(*Albert Einstein*) —

삶이 바람이란 걸

괜찮아요
어디서 왔는지 몰라서
그러는 거니

괜찮아요
어찌 살아야 하는지 몰라서
그러는 거니

괜찮아요
자리 뺏길까 두려워
그러는 거니

괜찮아요
가면 벗겨질까 무서워
그러는 거니

괜찮아요
삶이 바람이란 걸 몰라서
그러는 거니

빙빙 도는 오목눈이

산이마에 뭉게구름 걸쳐 있고
빙빙 도는 오목눈이

돌다 지쳐 낡은 소파에 앉아
맘을 박박 긁고 있어

눈망울에 걸린 구슬
소매 끝으로 훔치고

곧 눈감을 거 알면서
뭔 아쉬움이 있다고

곧 끝인 거 알면서
뭘 더 가지려고

남풍이 엄지 척하니 봄 햇살 비춰
반짝하네 얼굴이 반짝거리네

갈빛 참새 두 마리

기지개도 켜지 못한 억새풀 사이로
제철 모르는 왜 바람 쌩쌩 돌고
갈빛 참새 두 마리 빙빙 날고
억새 서로 엉켜
부스럭부스럭

밤새 바람과 손잡고 춤추던
참새 두 마리
눈 돌려 보니
널브러진 억새들 틈 속에
어미 억새 허리 꺾여 신음하고
아기 억새 으앙으앙 울고만 있고

참새, 바람 손 뿌리치고 짹짹거리니
멋쩍은 바람 뒤통수만 긁다
줄행랑치고
참새 한 마리 어미 억새 안고
참새 한 마리 아기 억새 안고
째에엑째에엑

해의 아픔

이파리들 기지개 켜기 전
찌르륵찌르륵
찌르레기 장난에 깨이고

갈바람 달려와
심술궂은 일곱 살 어린아이처럼
휘돌고

서로 뒤엉켜
부스럭부스럭

억새풀 눈 흘기고
새들도 바람도 사라지고

저 산 너머 해가 하품하니
이파리 눈동자가 반짝반짝

오래된 조각들

여태 살아온 나의 시간,
마음에 차곡차곡 쌓인
부서진 조각들

각양각색의 바위와 먼지가
부끄러워 입술 꾹 깨문 채
감춰 두고 싶었던 조각들

단 한 번 주어진 나의 시간
하늘 문에 다다라서야
겨우 깨닫고
끝내 꺼내 버려야만 하는
주름지게 했던 오래된 조각들

너와 나의 공통분모

너는 누구니
너는 어디서 왔니
너는 무엇을 위해 사는 거니
너는 어디로 가고 있니

너도 하루 두세 끼 먹니
나도 그래
너도 밤이면 꿈나라 가니
나도 그래

너와 내가 다른 건
무엇이고 어떤 거니

담 생에 만나자

짹짹짹
바스락바스락
휘이휘이

솜털 우거진 저 하늘
이름 모를 나무 이파리
옷소매 사이로 스며드는 이 바람

처음이자 마지막이 될 것 같은
이 기분 이 시각

새도, 숲도, 바람도
이 찰나 가슴에 담았다가
담 생에 꼭 다시 와 만나야지

봉황을 꿈꾸는 자들이여

봉황인 듯, 하늘로 더 먼 하늘로
날갯짓하더니
어찌하여 끈 끊어져 저 꼴 되었나

한 치 앞 모른 채
꼬리 흔들며 오르다 보면
결국, 저 자리에 걸릴 걸

오색 비단옷 입고 자랑한들
하늘보다 높이 오르려 한들
하늘 손바닥 위에서 춤추는 꼴

서로 잘났다고
내 자리 네 자리 차지한들
끈 쥔 손 놓치면 앙상한 가지에 걸리니

봉황을 꿈꾸는 자들이여,
나보다 나은 이 차고도 넘치니
임자라고 함부로 떠들지 말라

벤치의 위로

여기 앉아
함께 숨을 쉬고 있는
녹색 이파리와 하얀 꽃잎과
눈빛으로 이야기 나누지

이젠 힘이 약해진
다리를 옮겨
숲에 들어가면
소슬바람이 안아 주고

이렇게 세상은
서로 의지하며 사는 거고
물처럼 흘러가는 거지

서른도 안 된 나무벤치
여기저기 상처 나 있고
그 상처 쓰담쓰담 하며
슬그머니 앉아 보고

벤치가 오랜 시간 기다린 듯
눈꺼풀 열어 윙크하고
쉬어 가라고
얼른 팔짱을 끼네

황톳길 인생

질은 황톳길에
발자국 남기고

말라 부서진 나뭇잎 조각에
이름 석 자 간신히 써두고

울퉁불퉁 돌멩이에 부딪혀
엄지발가락 눈살 찌푸리고

두 다리 어기적어기적
얼른 벤치 찾아 엉덩이 디밀고

흐린 하늘 이 맘 아는 듯
대신 눈물 흘려주고
비에 젖은 멧비둘기
낮게 날고

먹이 찾던 날다람쥐
제집으로 뛰고

두 눈 있어
저들 보는 것도
헐떡이는 숨만 있어도
감사인 것을

안개처럼 찰나로 머무는 게
삶인 것을

부, 명예, 권력이 뭐라고
다른 이 아프게 하나

잠시만 산길 걷다 보면
알게 될 것을

풀리지 않는 실타래

열아,
미적분 두고
골머리 앓고 있지

스물아,
파란 하늘이
손아귀에서 뱅뱅 돌지

서른아, 마흔아, 쉰아,
오십 계단 오르니
발바닥 아프지

예순아, 일흔아,
활처럼 휜 허리 애쓴들
거기서 거기야

여든아,
아흔도 풀지 못한 매듭
끙끙대면 주름만 더 깊어져

삶이란
아흔아홉 피땀으로도
다 풀지 못한 실타래

어차피 풀지 못할 거
하하 호호 웃으며 사는 게
삶인 게야

날개 단 다리

천근만근 짊어진 어깨
회화나무 허리에 기대고

푸른 이파리 춤추고
하얀 바람 미소 짓고

갈빛 흙길 위
다리에 날개 달자
뭉게구름 밀려오고
다람쥐 뛰어오고

권력이 무엇인가
명예가 무엇인가
물질이 무엇인가

이파리 몇 개만 있어도
소슬바람만 있어도
구름과 다람쥐만 있어도
행복인 것을

다리가 날개 달아
세상이 비단길 위야

줄지렁이가 한 말

여기에 오고 싶지 않았어
이미 다녀온 그들 얼굴이
다 잿빛이었거든

귀띔도 해주었어
그곳 길은
머리 할큄 당한 돌멩이
팔다리 찢긴 흙이
사방에 널브러져 있다고

직접 봐야 했어
그들 말이 천 번 만 번 맞더라고
어제 내린 비로 생긴 두 뼘 웅덩이 속에서
돌멩이와 흙이
아직도 숨을 가삐 쉬고
그들 틈에서 붉은 줄지렁이 한 마리도
비비 꼬고 있더라고

불쌍해서
막대기 하나 들고 생각했어
뭐가 다르지?

지렁이가 말했어
"여긴 내 최고의 안식처(安息處)란다.
그러니 그런 눈으로 날 보지 마.
바보야."

강아지 풀

소슬바람 불어오면
허리 굽어
아기 이파리 뒤에 숨고

해가 방긋하면
벌떡 일어나
지나가는 하루살이 붙잡고

굵은 장대비에
얼굴 맞고
진흙에 박히고
살려고
가쁜 숨 헐떡거리고

그를 바라보는

이 눈망울에 맺힌 건

빗물인가

눈물인가

무명 시인의 비애(悲哀)

하늘마저 뿌연 구름에 가려
한쪽 눈도 볼 수 없고

이맘때 춤추던 갈바람
동굴 속에 숨어
때 이른 잠에 빠져있고

수년간 물먹지 못한 염전
마른 낙엽처럼 짝짝
갈라져 있고

새벽부터 꽥꽥거리던 오리조차
목이 막혀
두 살배기처럼 옹알거리고

제집 벗어나 살판난 진딧물
시인 콧등에서 날갯짓하고

무명 시인,
걸작 하나 건지려다 지쳐
깊은 상념(想念)에 빠져
일어서지 못하고

너도 그런 거니

새벽하늘,
뿌연 안개에 가리고
산마루,
낡은 회색 철판 지붕에 가리고

동네 어귀에서 들려오는 오리떼 아침 인사,
상여 멘 사람들의 구슬픈 소리로 들리고
소금 먹은 들판,
청천 대낮인데 눈꺼풀만 깜박거리고

사는 게 뭔지 넋 놓고
한숨 쉬는데
지나가던 하루살이 콧등에 앉아
너도 그런 거니
너도 궁금한 거니
눈으로 묻네
눈으로 묻네

내 것이 아닌 것을

언덕배기 올라서서
난생 첨 새 손수레 타다가
고작 칠 해 만에
세상에 돌려주고

주인이라 여기고
흥청망청 끌고 다니더니
이제야 내 것이 아닌 걸
알게 되니

슬프지도 아쉽지도 않아
원래 내 것이 아닌 걸
돌려주었으니

내 것이 아니어도 내 것

내 것이 아닌 것을
내 것이라 여기면
저 새털구름과 뭐가 다를까

내 것이라 해도
내 것이 아니라고 여기면
핑크 다이아몬드라 한들 뭔 소용일까

내 것이 아니어도
내 것이라 여기면
내 것이 될지니

뭉게구름 소소 바람에 밀리는
그 찰나만큼이라 해도
어찌 기쁘지 아니할까

하늘과 산이 만나

하늘과 산이 만나
계절마다 사랑하고

현인들 세대 이어 올라가
뜻 찾으려 공부하고

인간들, 섭리(攝理) 내팽개치고
변형시켜 희희낙락하고

자연도 현인도 맘 아파 피눈물 흘리니
내리다 숨다 다섯이나 반복하고

그 이름 오장이라 칭하여
의미 이어갈 이 기다리고

나쁜 친구야

자기 맘대로 왔다고
자기 맘대로 가 버린 것을

덩치가 산이면 뭔 소용인가
심장은 콩알보다 작은 것을

눈두덩 힘주더니
빠지기도 전에
우물에 들어가는 것을

제멋대로 간 그곳에선
함부로 인연 만들지 말게
나쁜 친구야

땅에 묻지 마세요

이생 떠나려니
피 같은 눈물 멈추질 않네
어차피 작정한 거 빨리 가야지
스무 알 캔에 넣고
벌컥벌컥 마셨지

고작 이렇게 살다 가는 거야
너무 힘들어서
먼저 가려고
모두 미안해

날 낳아준 분들에게
예의는 있어야지
못난 나 때문에
가슴에 시커먼 멍
안고 살 텐데

인사는 하고 가야지
모니터에 완결 안 된
문장 하나 눈에 띄고
읽는 찰나, 구급차 불러
썩은 내장 청소했어

새 삶, 보름달처럼 떠오르고
길거리 걷다 보면
날 보고
엄지손가락 치켜세우는 이들 있어

글은 생명 주는가 봐
글 쓰는 사람들
죽어가는 이, 다시 살리는
요술 부리는 사람들인가 봐

당신이여,
당신이 단 한 생명 살릴 수 있다면
눈 아프고 온몸 쑤셔도
그 재능,
땅에 묻지 마세요

그게 인연인 거야

인연은
남실바람으로 오는 거야
물안개로 피는 거야

인연은
길가 망초인 거야
바닷가 모래알인 거야

바람에 시큰둥하지 마라
안개에게 뽀로통하지 마라

망초 한 잎도 짓밟지 마라
모래 한 알도 차지 마라

바람 잡으면 기쁨 오는 거야
안개 걷히면 희망 오는 거야

망초 보듬으면 행복 생기는 거야
모래알 품으면 귀함 알게 되는 거야

나도 너도
바람이고 안개인 거야
망초이고 모래알인 거야
그게 인연인 거야

아무도 모른다

아무도 모른다.
이 철길에
십 대 중반에 왔다 간 것을

잠시 머뭇거리자
주름투성이 침목이
눈꺼풀 간신히 열고
날 아는 듯 묻는다.
"설마, 네가 그때 너니?"

그를 알아보지 못했다
아니, 의심했다.
여태 숨을 쉰다는 게
믿기지 않았다.

한참 물끄러미 처다봤다
그에게 미안했다.
이젠 눈이 어두워져
서로에게
색 바랜 흑백 사진이 되었다

돌아오는 길,
또 볼 수 있을까
십 대 때 그 친구도
여전히 그 자리에 있을까
젖은 눈시울,
바람이 가린다

오해야

술 취한 사람
싫어하지 않아
술이 싫어

줄담배 피우는 사람
싫어하지 않아
담배가 싫어

도박하는 사람
싫어하지 않아
도박이 싫어

오해야
사람이 싫은 게 아니야
그게 싫은 것뿐이야

술, 번민 해결할 수 없어
잠깐 잠들게 할 뿐

담배, 근심 날릴 수 없어
순간 잊게 할 뿐

도박, 통장 채울 수 없어
착각하게 할 뿐

오해야
그건 친구가 아니야
하늘에서 쫓겨난 천사야

온전히 지켜 줄 이

장대비
새벽에 예보하고
저녁에 뇌고함성 지르며
쳐들어와

진수성찬 차려두고
가족, 벗, 이웃 초대하였건만
젓가락도 들기 전에
혼비백산하네

늙은 이파리
어린 이파리
속절없이 떨어지고
총 들고 지키던
장정 이파리도
하나둘, 손을 놓아

생명 같던
가족, 벗, 이웃이
다 사라지면
나 하나 달랑 나무에 매달려 있은들
삶의 의미가 있는가

나도 너도 저들과
하등 다를 게 없으니
인생무상이 아니겠는가

예고에도 떨어지는데
언제 닥칠지 모르는
장대비를
우리의 힘으로
어찌 막을 수 있는가

지금이라도 깨닫고
온전히 지켜 줄 이
찾는 게
우선할 일이 아니겠는가

늙은 이파리 하나

살랑살랑 실바람에
흔들리는 늙은 이파리 하나
썩은 가지에 대롱대롱 매달려
목숨 줄 유지하는 건
일 미터 앞에서 그를 보는
이 몸과 다를 게 없어

태양이 열 번 뜨고 또 열 번 떠도
달이 열 번 지고 또 열 번 져도
한 번도 이 손으로 잡을 수 없다는 건
저 이파리 손아귀 힘보다
더 미약한 것을
오늘도 뭘 잡으려 아등바등하나

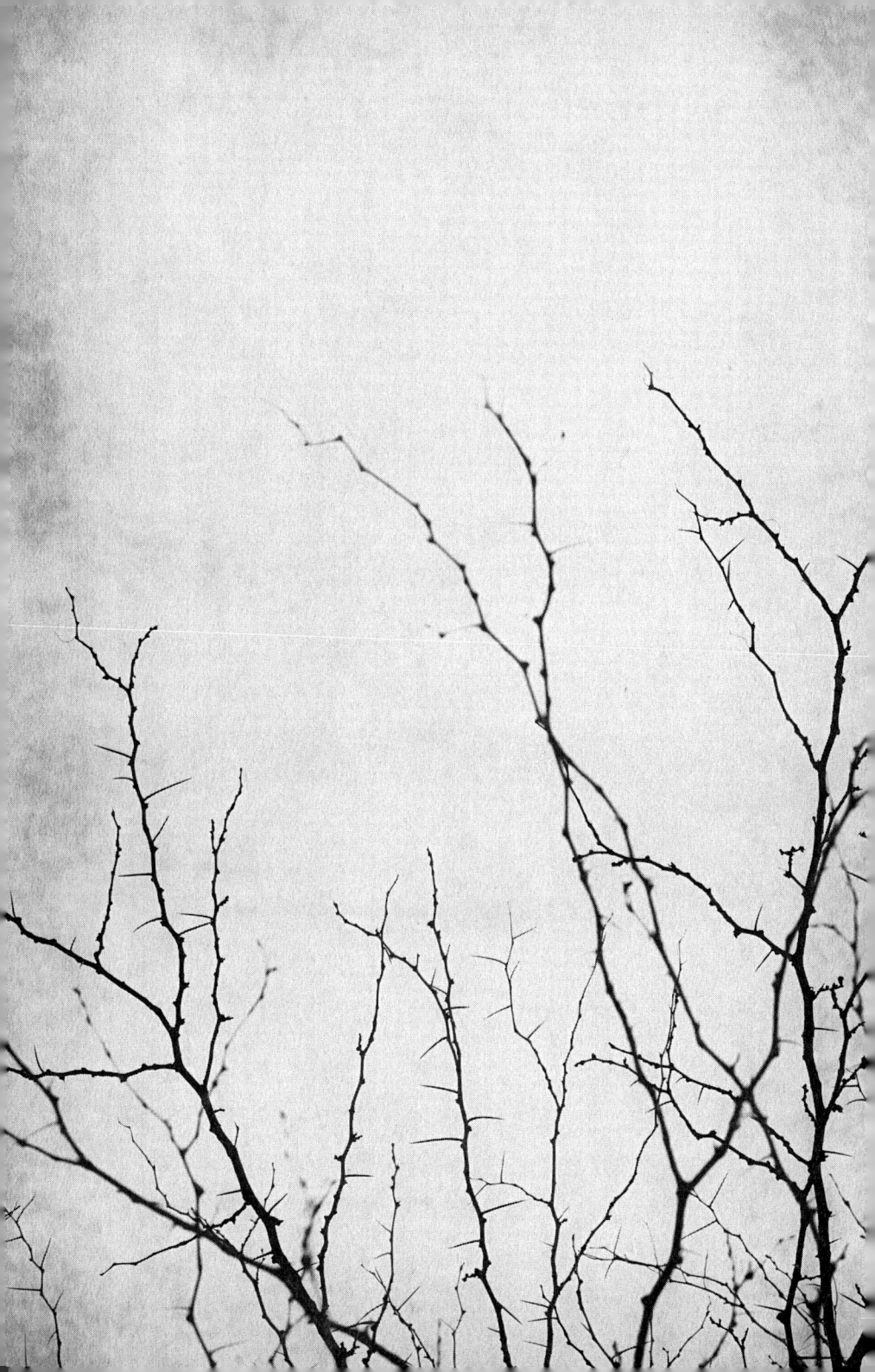

손잡고 함께 웃는다

여름 바다에
바람이 소올소올 분다
파도가 올랑올랑 인다
가을이 기웃거린다

늙은 갯메꽃 허벅지에
실잠자리 앉는다
가을이 웅그리고 앉는다

여름 바다가
재킷을 걸친다
갯메꽃이
갈빛치마로 갈아입는다

바다가 웃는다
갯메꽃이 웃는다
손잡고 함께 웃는다
가을이 웃는다

진짜 웃음

달력 한 장 뗄 때마다
사진 바꾼다

웃음 하나 줄었다
사라진 자리에
주름 들어와 앉았다

남에게 보이기 싫어
다시 찍었다

억지웃음 불편하다
비 의지해 지웠다.

가짜 아닌
진짜 웃음 찾아야 한다

침 한 방울 속에 숨어 뺏는
그가 무서워
철퍼덕 무릎 꿇었다

그가,
'마음 창고에서
코 골고 있는
교만 깨워 쫓아내면
진짜 웃음 하나 주겠다!'라고 했다.

창조주는,
그의 입술 통해
겸손 알게 해주셨다

미물의 마음

칠십이 이십 품으면
짐승이라 손가락질하고
이십이 칠십 사모하면
덜 익은 복숭아라 하고

칠십이라 한들
이십이라 한들
제 맘을 어찌 알고 조절할까

짐승 죽을 날 모르고
복숭아 익기 전 떨어질 거 모르고

칠십이라 한들
이십이라 한들
실 하나도 통과 못 할 간격

짐승도 복숭아도
그 맘은 매한가지
짐승도 복숭아도
죽을 날 기다리는
미물(微物)의 하나지

나도 하나 너도 하나

마음은 노끈이 아니야
한 번 끊어지면 다시 이을 수 없어

마음은 도자기가 아니야
한 번 깨지면 다시 빚을 수 없어

마음은 꽃이 아니야
한 번 꺾이면 다시 필 수 없어

칠십억 개 마음 있다 한들
나도 하나 너도 하나

인간의 마음은 바다다

인간의 마음은 바다다
인간의 삶은 파도다

바다가 마파람에 기지개 켜고
폭풍에 방죽을 넘듯
인간의 삶도
크고 작은 시련과 역경의 되풀이다

파도가,
바람 속도와 강도에 따라 얼굴이 달라져도
바다이듯
너와 나도, 각기 다른 문제를 안고 있어도
인간이다

2부
사랑의 노래

"사랑은 죽음과 악 대신
삶과 선을 선택하게 하는
긍정적인 힘이다."

— 아놀드 토인비(*Arnold Toynbee*) —

사랑을 부르는 봄

귀 쫑긋 세우면
들린다
봄바람 노랫소리
그대 숨소리

눈 들어 하늘 보면
보인다
봄꽃 잔치
그대 눈동자

숨소리
눈동자
설렌다, 뛴다

봄바람 노래하면
사랑이 오고
봄꽃 춤추면
사랑이 오고

봄이 오면
사랑도 온다

기다림은 봄처럼

쫑긋 세우면 들린다
살 바람 소리
내 님 숨소리

뜨면 보인다
하얀 목련 봉오리
내 님 눈동자

봄바람 불어오면
사랑이 오고
꽃봉오리 열리면
사랑이 오고
내 님도 올 거야

사랑하는 단 한 사람

나밖에 모르던 내게
어느 날 손님으로 왔다가
주인이 된 사람
사랑하게 된 사람

일만 번 중에 단 한 번 빼고
내 편 되어 준 사람
이젠 나머지 한 번도
내 편 되어 달라고
욕심내고 싶은 사람
사랑하는 단 한 사람

이런 사람이
같은 하늘 아래 있어
마음은 라일락 얼굴은 장미

온다, 봄바람이

온다
새벽녘부터
봄바람이 내게 온다

갈빛 이파리와 사라졌던
그대의 향기
봄바람에 실려 온다

눈꺼풀 힘주고
맘은 활짝 연다

눈으로 보냈던 그대
맘으로 받는다

바위와 손가락 건다
눈으로 보지 않을 거라고
맘으로 볼 거라고

봄바람이
그대의 향기
한 아름 안겨준다
그윽한 그대의 향기로
맘은 꽃밭에 있다
내 맘 향기에 취해 있다

그 이름, 내 장미

아흔아홉 장미
윙크(wink)하다

내 장미
삐쳐 토라지다

가슴이 쪼그라지다
가슴이 쿵쿵 뛰다

아흔아홉 가시
다리 걸다

한 발 한 발 갈수록
종아리 피나다

세상 모든 장미여,
고개 숙이라

세상 모든 장미여,
얼굴 고치라

오직 하나 내 장미
그 이름 가질지다

토라진 내 장미
날아와 안기다

네가 그냥 좋아

네가 좋아
주근깨가 많아도 좋아
무보다 굵어도 좋아
맘이 열 개라도 좋아
그래도 네가 좋아

내게 했던 말
난 기억해
내가 그냥 좋다던
네 말 기억해

이젠 내가
네가 더 좋아
네가 그냥 좋아

그대가 깨어날 때

첨 본 그대의 눈망울
파란 바다 숨어 있고

첨 본 그대의 몸짓
꽃망울 입술처럼 오물거리고

지나가던 실바람
윙크하니
바다가 살랑살랑
꽃망울 입을 열어

잠시 살다 사라지는 실바람도
그대의 이름을 부르니
그대여 일어나면
세상 위에 서리

그대는 장작이니까

하늘 아래 모든 이가
사랑해 주지 않아도

살을 에는 칼바람 윙윙거리는
산꼭대기 위에서
알몸으로 달달 떨어도

괜찮아
그대가 장작으로
활활 타고 있으니까

그대 생각에

숨 쉴 수 없어
그대 생각에

눈 감을 수 없어
그댈 못 볼까 봐

숨 막히면
생각 못 해
눈 감으면
그댈 못 봐

그댈 내 맘에
내 눈에 담고
감춰둘걸

그대가 바꾸는 계절

봄은 멀찌감치 앞서가고
가을 벌판에 주저앉아 버리고
재킷 단추 사이로
눈먼 갈바람 스며들어
늙은 낙엽 위에 누워버리지

휘파람새 휘이이휘이이
매발톱꽃들도 춤추는데
이 맘은 아직 눈덩이고

그대 없으면
꽃피는 봄도 낙엽 날리는 가을이고
그대 있으면
꽁꽁 언 겨울도
용광로 같은 여름이지

사랑한다 해놓고

말을 해
뭔 말이든 해
바람처럼 사라져서
낮잠과 손잡으면
내 맘은 밤이야

눈을 봐
내 눈을 바라봐
눈을 감고
어디를 보는 거야
내 눈은 젖었잖아

사랑한다 해놓고
내 눈을 멀게 하고
잠에서 깨어나
그 눈을 돌려줘
서로 사랑하잖아

마음으로 보는 사랑

보고 싶을 때
다 보는 건
사랑이 아니야

보고 싶어도
참을 수 있는 게
사랑인 거지

볼 수 있다고
다 보는 건
사랑이 아니야

볼 수 있어도
마음으로 보는 게
사랑인 거지

눈으로 보는 건
사랑이 아니야

마음으로 보는 게
사랑인 거지

술잔에 담긴 마음

한 잔을 마시면
다시는 안 볼 거야

두 잔을 마시면
내게 너무해

석 잔을 마시면
혹시 오려나

네 잔을 마시면
와주었으면 좋겠어

다섯 잔을 마시면
그리워, 보고 싶어

열 잔을 마시면
견딜 수 없을 만큼 보고 싶어
그리고 사랑해

사랑은 말 한마디

사랑해
한 마디면 돼요

백만 송이 장미도 싫어요
명품 드레스도 싫어요

당신의 달콤한 목소리로
사랑해
하면 돼요

사랑해
한 마디면 돼요

무색 다이아몬드도 싫어요
일백 평 아파트도 싫어요

당신의 마음이
생돌(生石)이면 돼요

사랑의 다섯 얼굴

사랑은 그런 거야
눈동자 안에
그대의 그림자가 있으면
가슴이 콩닥콩닥 뛰는 거야

사랑은 그런 거야
그대가 눈앞에 있으면
온몸에 뜨거운 피가 흐르는 거야

사랑은 그런 거야
반 시간만 떨어져 있어도
애달픔에 달려가고픈 거야

사랑은 그런 거야
등을 보여도
내가 먼저 날아가
뒤에서 안아 주는 거야

사랑은 그런 거야
혹여 이별의 순간이 와도
그대의 눈물까지
가슴으로 받는 거야

사랑, 오고 가는 것

그대여 울지 마
사랑은 다 그런 거야

그대여 웃지도 마
사랑은 다 그런 거라니까

그게 사랑이니
울지도 웃지도 마

사랑은 다 그런 거야
내게 와도 떠나가도
눈물, 웃음
저 하늘 창고에 맡겨둬

오는 것도 가는 것도
다 사랑일지니
사는 동안 사랑하며 살면 돼

사랑의 진째 모습

그대의 알몸이
가슴을 뛰게 한다면
사랑이다

그대의 알몸이
마네킹으로 여겨지면
사랑은 이미 떠난 거다

그대의 알몸이
달라졌더라도
처음과 똑같이 보이면
사랑이다

사랑은, 그대의 알몸이 달라져서
변하는 게 아니다
사랑은, 내 마음이 달라져서
변하는 거다

사랑은 그런 거래

울지마 그대여
사랑은 그런 거래

웃지마 그대여
사랑은 그런 거래

내게 와도 네게 와도
누가 먼저 돌아서도
저 하늘에 맡기면 되는 거래

사는 동안 그러니 하는 게
사랑은 그런 거래

사랑의 소식

그루터기 벗 삼아
한나절 한숨 쉬고

초점 잃은 눈동자
비안개가 감춰 주고

노란 튤립 윙크에
돌멩이 맘 홍시 되고

그대의 빈자리
튤립으로 채울까
흔들리는 마음
솔잎으로 가리고

저만치서 빙빙 돌던
산바람
얼른 뛰어와
귀에 대고 소리쳐

그대가 사랑한다고 전하래
꼭 전하래

구름 걷히고
태양이 눈을 뜨네

먼 길 떠난 그대

두 평도 안 되는
사방이 막힌 침대 위에

하얀 목련의 눈빛으로
천장을 바라보는 그대

그대는 어떤 삶을 살다
그리 급하게 먼저 갔나

누워있으니 편하나
칠십 생, 거친 숨으로 살았으니
그 침대 좁지 않나

그대의 눈빛 보면
나도 그대 옆에 눕고 싶어

말해줘, 먼저 간
그곳의 삶을

바람처럼 스치는 인연

장대비 오락가락했던 지난 세월
먼발치서 서성이던 그대

누가 볼까 장우산 펼쳐 몸 숨기고
훔쳐보면 아무렇지 않게 눈웃음 짓고

잠깐 해 뜨자
살며시 들어와 앉은 그대

수줍어 고개 들지 못하고
부끄럼에 입술 열지 못하고

보일 듯 말듯 옅은 미소는
다 피지 못한 백일홍인가?
이파리 떨어진 아쉬움인가

그대여, 단 한 번의 기회도
바람처럼 스치는 인연도
귀히 여기는 게 어떠한지

내 맘속에 있는 그대

숨이 막혀
그대 생각에

눈을 감을 수 없어
그대 보고 싶음에

어찌해야 하나
숨 막히면 죽고
눈 감으면 사라지는데

내 맘속에 있는 그대
제발 내 맘을 가져가 줘

가슴에 저장된 미소

시간이 화살보다 빨라
그대의 백합 미소
잃을까 두려워

시곗바늘
가슴으로 칭칭 감아두고
그대의 미소
얼음으로 만들어 두고

구름 타고 얼른 날아가
미소 꼬옥 안고
전자레인지 돌려 녹이고

금세 녹아 사라질까
가슴에 깊이 저장하고
그대를 사랑해

나만 바라봤으면 좋겠어

나만 봤으면 좋겠어
간절해

어째서 해 뜨면 사라질
안개 잡으려 하나
실바람에 흔들리는
가냘픈 나뭇가지 보나

한 잔하면 애절해
두 잔 하면 뜀박질할까
석 잔째 들면 눈물이
내 다리 잡고

그대가 나만 봤으면
정말 좋겠어

술잔에 담긴 그리움

나만 봤으면 좋겠어
그대 눈이 다른 곳 향하는 걸
잘 알면서

그대, 어찌 실바람에 흔들리는
가지 부여잡고
어딜 보는 거야

한 잔 마시면 보고 싶고
두 잔 마시면 달려가고 싶고
석 잔 마시면 감당키 어려워
꿈속으로 걸음을 옮기네

미스터리, 마음

알 수 없어요
날파람 맘을
왜 머물지 않고 갑자기 사라지는지

알 수 없어요
가을비 맘을
왜 웃으려 하지 않고 울기만 하는지

알 수 없어요
개나리 맘을
왜 활짝 윙크하다 꺾이는지

알 수 없어요
그대 맘을
왜 사랑하다 사랑을 버리는지

별이 되자던 그대

쪼아대고 있는
비둘기 앞에 두고
세월에 겉옷이 찢긴
벤치에 앉아
표정 없는 창공만 보고

스치는 실바람에
이미 실어 보낸
그대로 인해
가슴이 아리고
가슴이 시리고

지난밤
똑같은 이 자리
황금빛 달 보며
별이 되자던 그대가
달빛과 함께 사라지고

그대를 가져간
달이 싫어

달아, 황금빛 달아
내 님을 돌려주렴
비둘기야
내 님 있는 그 자리
찾아 주렴

사랑의 시간

꾸벅꾸벅 졸고 있는
나팔꽃 어깨에
노랑나비 두 마리
슬그머니 앉아
사랑하네

나팔꽃,
그들 거친 숨소리에
눈뜨지 못해
눈꺼풀 사이로
눈물 배이네

들썩거리는
나팔꽃에
나비들 놀라
눈으로 묻네

날 사랑한다던,
산들바람이 사라져서
가슴 불태웠던
나의 사랑
너희 보니
그냥 눈물이 나

나비들아,
잊히는 게
시간 때문이니
마음 때문이니

노랑나비
서로 부둥켜안네

사랑하는 이가

호젓한 산길을 걷다
몸과 마음이 울적해
낡은 나무 벤치에 앉았다

지나가던 하루살이가
슬그머니 팔등에 앉았다
나지막히 물었다
왜 눈물을 글썽이고 있냐고

여행 간 사랑하는 님이
보고 싶어 울고 싶다고 했다

하루살이가 말했다
"나는 평생 사랑했던 이를
지금 막 천국 열차에 태워보내고
돌아오는 중이다
사랑하는 이가 살아 있어서
잠시 헤어졌다
다시 볼 수 있다는 건
슬픔이 아니라
기쁨이요 행복이다."

다리 근육이 불끈 살아나
두 팔을 흔들었다
하루살이가 내 눈물을 안고
슬며시 사라졌다

사랑이 시작되면

님이 호랑나비 타고
다른 꽃밭으로 여행을 떠났다

님이 없는 이 꽃밭은
적막한 지하창고 같다

하루살이 연인이
창틈에 끼어있다

수컷이, 힘없이 울고 있는
암컷을 포옹하며 말했다
"괴테가, 사랑이 시작되면
고통도 함께 시작된다
그래서 고통 없는 사랑도 없고
고통이 없으면 사랑이 아니란다

사랑은 기쁨도 주지만
그 기쁨만큼 기다리는 고통도
보내야 하는 고통도 따르니
그게 사랑이다."

눈을 감은 암컷의 얼굴 위로
수컷의 피눈물이 흘러내린다

사랑 먼저 배우라

허허벌판 돌밭 위에
빨간 장미 한 송이
방긋방긋

밤새워 물 떠 나르고
먹구름 으르렁으르렁
몸으로 방패 삼은
개미들 있었구나

저만치 그늘에 누워
고기만 씹던
누런 베짱이들
어슬렁어슬렁 기어 와
잎 하나 따 맛보니
달콤하네

하늘이 말씀하시네
어리석은 베짱이야
물 준다고
햇볕 쮄다고
마른 잎이 다시 피더냐

이파리 하나 따면
꽃이 아파 시들고
사랑 없으면
생명도 없나니

장대비에 젖어 기도하는
개미들 봐라
사랑 먼저 배우라

Epilogue

　시(詩, Poem)의 정의는 시인 수만큼 다양하다. 시는 시인 각자의 삶과 시선에 따라 모두 다르게 표현한다. 시는 한 문장으로 단정해서 정의를 내릴 수 없다는 의미다. 그러나 유사한 정의는 많은 편이다. 김소월[1]은 "시는 마음에서 나와 마음으로 들어간다."라고 했다. 시의 시작과 끝을 마음에 두었다. 윤동주[2]는 "시는 인간의 영혼이 부르는 노래다."라고 했다. 시를 인간의 마음 깊은 곳에서 나오는 목소리임을 강조했다. 고은[3]은 "시는 나를 부르는 목소리이자, 내가 세상을 부르는 목소리다."고 했는데 시를 통해서 자기를 성찰하고 세상과 소통을 해야 한다고 했다. 마야 안젤로(Maya Angelou)[4]는 "시란 마음의 진실을 말하는 것이다." 라이너 마리아 릴케(Rainer Maria Rilke)[5]는 "당신 안으로 들어가라. 그 안에서 살

---

1)　김소월: 진달래꽃 등에서 사랑, 이별, 그리움 같은 감정을 표현
2)　윤동주: 서시, 자화상 등에서 양심, 희망과 같은 내면의 갈등과 마음을 탐구
3)　고은: 머나먼 길 등에서 인간의 내면과 고독, 존재의 의미를 담음
4)　마야 안젤로: 미국 시인, 인간의 마음과 내면의 진실을 작품에 담음
5)　라이너 마리아 릴케: 오스트리아 시인, 영혼의 고독 등 자신의 내면에서 삶의 답을 찾으라함

아라."라고 말했다. 두 외국 시인의 정의도 시는 인간 내면의 진솔한 소리를 언어로 표현하는 것을 강조하고 있다.

어느 인터뷰에서, 시를 쓰고 싶어하는 분들에게 이런 말을 했다. "시는 시를 공부한 사람이나 타고난 재능이 있는 사람들만 쓰는 장르가 아닙니다. 사랑하는 대상이 생기면 그 마음에서 나오는 소리(이야기)를 단어나 문장으로 표현하면 시가 됩니다. 시를 쓰는 데 단어나 문장은 본질이 아니라 마음을 전하는 수단일 뿐입니다. 문학인(文學人)은 인간의 정신과 마음을 노래합니다. 그러나 누구도 마음을 언어로 완벽하게 표현하지 못합니다. 유명한 시인도 예외가 아닙니다. 그들도 눈에 보이지 않는 마음의 소리를 적절한 언어로 표현하기 위해 끊임없이 노력하는 사람일 뿐입니다. 그러니 시를 쓰려고 마음먹은 분들은 자신의 글재주가 부족하다고 해서 주저하거나 펜을 놓는 것보단 계속 써보는 게 중요합니다. 쓰다 보면 많은 이의 마음을 울릴 작품을 만나게 됩니다. 사람의 마음을 울리는 힘은 언어유희(言語遊戲)가 아니라 그 속에 담긴 진심(眞心)이기 때문입니다."

　〈시인의 말〉에서 "시란 마음에서 피어나는 노래다."라고 정의하면서 이 책의 제목도 여기에서 나왔다고 했다. 첫 시집 『사랑하니까』를 내놓은 지 5년여 만에, 두 번째 작품이다. 두 작품은 서로 맞닿아 있다. 1집 주제가 '사랑과 고통 그리고 삶'이었다면, 이번 작품은 그 연장선에서 '삶과 사랑의 자기표현'이다. 1집에서는 사람이 태어나서 죽음에 이르기까지 인연과 사랑하면서 살아야 한다고 노래했다. 불꽃 같았던 사랑도 세월이 흐르면서 빛이 바래고 갈등과 오해, 시기와 질투, 예기치 않은 사건 사고나 죽음을 맞이하면서 결국 이별에 이른다고 했다. 이 모든 변화는 인간이기에 피할 수 없는 자연의 흐름이라고도 했다. 하얀 사랑이 언제 검은 바람이 되어 사라질지 모르기 때문에 살아가는 동안 서로에게 의지하고 배려하고 상대를 발전케 하는 마음이 필요하다는 메시지다.

이번 작품에도 1집의 요한 볼프강 폰 괴테(Johann Wolfgang Von Goethe)[6]와 귀스타브 플로베르(Gustave Flaubert)[7]의 사랑관이 고스란히 담겨 있다. 여기에 헤르만 헤세(Hermann Hesse)[8]의 "만약 내가 사랑이 무엇인지 안다면 그것은 당신 때문이다."에서 볼 수 있듯 사랑은 상대가 있어야 하고 상대에게 내 마음을 표현하는 게 중요하다는 점이 가장 큰 주제고 이것이 삶이라고 했다. 여기서 상대는 꼭 타인만을 의미하지 않는다. '내가 바라보는 나'도 포함된다. 상대에게 나의 마음을 표현하는 것도 나 자신에게 내 마음을 전하는 것도 언어가 있어야 한다는 의미다.

인간이 살아가는 과정을 '인생(삶)'이라고 한다. 우리는 사는 동안 행복을 추구한다. 레프 톨스토이(Leo Tolstoy)[9]는 "인간의 행복은

---

6) 요한 볼프강 폰 괴테: 독일 작가, 인간의 내면, 감정, 정신 세계를 탐구하는 작품 발표
7) 귀스타브 플로베르: 프랑스 작가, 인간의 내면과 심리를 섬세하게 묘사함
8) 헤르만 헤세: 독일 작가, 인간의 내면 탐구와 영혼의 성장을 주제로 삼음
9) 레프 톨스토이: 러시아 작가, 인간 존재의 진실과 도덕적 성찰을 전함

멀리에 있는 것이 아니라 내 마음속에 있다."고 했다. 그는 인간 존재의 진실을 자신의 작품에 담았다. 행복은 내 마음속에 있는데 행복하려면 사랑을 해야 한다는 취지의 말이다. 인간은 숨 쉬는 한, 사랑을 주고받고 표현해야 한다. '인간(사람), 사랑, 인생(삶)'은 처음부터 하나다. 1집에서 언급했듯이, "사랑은 해야 한다. 멈출 수 없는 게 사랑이다. 사람이 사는 이유다." 이 말처럼 인간은 태어나서 죽을 때까지 사랑해야 하는 존재인데 각자 마음에 있는 사랑을 표현하며 사는 삶이 행복이라는 것이다.

윌리엄 셰익스피어(William Shakespeare)[10]는 "사랑은 눈으로 보는 것이 아니라 마음으로 본다."라고 했다. 『내 마음에 피는 노래』는 바로 그 마음으로 본 언어를 담았다. 시는 인간의 마음에 있는 생각, 감정, 상상, 경험, 의지 등을 문자언어로 담아내는 예술이다. 철학자가 각기 가치와 인식, 존재를 탐구하듯 시인도 자기만의 중심 키워드를 언어로 표현한다. 보통 사람도 자신의 삶을 다양한 철학적 화두를 가지고 살아가듯 시도 특정인만 쓰는 게 아니다. 평범한 사람도 누구나 시를 쓸 수 있다. 윌리엄 워즈워스(William Wordsworth)[11]가 말했듯 "시는 일상의 경험과 감정을 특별하게 만드는 언어 예술"이다. 쓰느냐 쓰지 않느냐의 차이일 뿐 마음만 먹

---

10) 윌리엄 셰익스피어: 영국 작가, 인간의 내면 심리와 마음의 갈등을 담음

11) 윌리엄 워즈워스: 영국 작가, 자연 속에서 마음의 평화와 영감을 발견

으면 누구나 일상에서 시를 쓰면 시인이 된다는 것이다.

이 시집이 시를 좋아하거나 앞으로 쓰고 싶은 사람들에게 용기를 줘서 많은 사람이 마음의 눈으로 세상을 바라보고 사랑하는 사람을 대하며 노래하는 계기가 되었으면 좋겠다. 단 한 번뿐인 나의 인생을, 서로 공존 공생하는 사람들과 사랑하며 살아가길 거듭 소망해 본다. 이 책이 세상에 나오기까지 내게 선한 영향을 주신 분들과 부족한 글을 끝까지 사랑하는 맘으로 읽어 주신 분들에게 감사를 전한다.

백대현 시집, 『사랑하니까』 소개

일반인에게 '사랑'을 정의해 보라면, 대부분 희망, 기쁨, 즐거움 등으로 긍정적 감정을 표현하는 비율이 높은 편이다. 그러나 어느 작가가 'LOVE'의 의미를 간략하게 설명한 내용을 보면 그 분위기가 사뭇 다르다.

L은 Laugh의 L자로 '어떤 일을 이룬 후에 함께 소리 내어 웃어라.'이고, O는 Ok의 O자로 '항상 상대방을 인정하고 긍정적으로 좋게 받아 들여라.'이며, V는 Victory의 V자로 '상대방의 고통을 함께 하면서 이겨 내자.', E는 Enjoy의 E자로 '기쁨이나 슬픔 등을 함께 나누어라.'란 의미를 내포하고 있다. 즉 LOVE는, 나와 네가 뭔가를 이루어 가며 삶의 태양을 함께 보는 데 있다.

루소(Rousseau)는, '인간이 산다는 것은 곧 사랑한다는 것이고 사랑하지 않는다는 것은 살지 않는다는 것과 같다.' 즉 삶은 사랑이 있기 때문에 기쁨이나 즐거움, 행복이 있고 사랑이 없거나 못하면, 삶의 의미도 없고 영혼은 황폐해질 것이라는 말로 사랑을 인간의 삶에 필수 조건이라고 주장했다.

M. 스캇펫도 루소와 비슷한 맥락으로 말했다. 개인의 삶이 각자의 선택과 결정에 따라 성공과 실패로 구분되듯 사랑도 내가 하는 방법에 따라 삶의 성공기준에 크게 작용한다고 본 것이다. 특히 사랑의 성공기준을 상대방 성장에 두어야 한다고 했다. 논어에 나온 애지욕기생과 같은 뜻이다.

동서양을 막론하고 사랑의 의미와 목적은, 나의 성장은 물론 동시에 상대방의 성장을 돕고 또한 성장하기 위해서는 감정보다는 노력하는 의지에 두어야 한다는 것을 강조하고 있다. 지금 사랑하는 사람이 있다면, 변화무쌍한 나의 기분이나 감정을 내세우는 것보다는 사랑하는 사람을 위해 먼저 행동으로 옮겨야 한다는 것이다. 이 말은 사랑은 나의 욕망만을 채우려 한다거나 내게만 맞추고자 하는 이기적, 배반적인 자세가 아닌 사랑하는 사람의 입장을 절대적으로 배려해야 하는 것을 말한다.

'LOVE'란 단어의 의미 속에 사랑하는 두 사람이 밝음과 어둠을 함께 해야 하는 것을 가리키고 있다면, 루소와 스캇펫은 사랑을 하는 것이 인간으로서의 기본적인 삶이고 또 어떤 방법으로 해야 하는지 그 자세를 좀 더 정확하게 제시하고 있다.

　물론 안타깝게도 사랑하는 사이는 계절의 변화처럼 시간이 흐르면서 여러 변인으로 인하여 사랑의 강도도 달라진다. 강도가 달라진다는 것은, 마음의 변화다. 그런 변화는 자연도 인간도 어떤 힘에 의해 흘러가고 스러져가는 것을 말한다. 사실 사랑의 변화는 내 자유의지가 아니고 그 어떤 힘에 의해 피어나고 또 꺼진다는 것이다. 이 말은, 사랑은 내가 원한다고 내가 원하지 않는다고 하고 말고가 아니라 이미 조물주에 의해 계획되어 있다는 뜻으로 봐도 무방하다.

　처음에 언급했던 내용을 다시 반복해서 강조해 보면, '사랑과 이별, 그에 따르는 고통은 삶의 과정'이다. 사랑을 하면 매일 기쁘고 즐거운 게 아니고 필연적으로 슬프거나 아픔이 따른다고 했다. 어느 누가 기쁨과 즐거움만을 향유하려 하지 일부러 슬픔과 아픔을 선택하겠는가 이 말이다.

이 말은, 사랑은 나의 생각이나 경험으로 선택하고 결정 또는 시작과 중단을 임의로 할 수 없는 나의 한계를 뛰어넘는 인간의 초월적, 근원적 감정이요 인간의 힘으로 좌지우지할 수 없는 정신과 마음의 세계, 즉 영적 세계로 이해하면 될 것 같다.

인간이면 누구나 누가 먼저라 할 것 없이 이별할 날이 올 것이다. 생명이 다해서 아니면 어떤 사정 때문이라 해도 인간에게 이별은 분명히 오고 동시에 고통도 이어진다. 바다가 밀물과 썰물이 있듯이 사랑이 들어오거나 나가는 것도 자연 이치이기 때문이다.

이렇게 사랑은 하얀 바람처럼 왔다가 검은 바람이 되어 내 곁을 떠난다. 이것이 우리의 삶인 것이다. 그러니 이별이 두려워 사랑을 시작하지 못했다면 루소의 말을 기억할 필요가 있고 지금 사랑의 진행이 어느 계절 자리에 있든지 사랑의 양면을 항상 염두에 두어야 한다.

'사랑하며 살자. 단 한 번뿐인 나의 삶을 풍요롭게 하기 위해서라도……'

마음을 다스리는 자는 천하를 다스린다.

_공자

마음속에 있는 대로 살지 않으면 인생은 헛되다.

_톨스토이

마음이 혼란스러울 때는 결정을 내리지 말라.

_플로베르

마음이 움직이지 않으면 아무 일도 일어나지 않는다.

_플라톤

내 안의 누구도 나보다 더 낯선 이는 없다.

_에밀리 디킨슨

마음은 행동의 뿌리이다.

_존 러스킨

마음은 자연의 거울이다.

_윌리엄 워즈워스

마음의 변화가 세상의 변화를 시작한다.

_랄프 왈도 에머슨

참된 풍요로움은 물질의 윤택함에서 오지 않는다.
마음의 풍요로움에서 오는 것이다.

_모하메드

당신 안으로 들어가라. 그 안에서 살아라.

_라이너 마리아 릴케

네 영혼이 원하는 것을 두려워하지 말라.

-헤르만 헤세

운명은 어딘가 다른 데서 찾아오는 것이 아니라

자기 마음속에서 성장하는 것이다.

_헤르만 헤세

삶이 그대를 속일지라도 슬퍼하거나 노하지 마라.

슬픈 날에 참고 견디라.

즐거운 날은 오고야 말리니

마음은 미래를 바라느니

현재는 한없이 우울한 것

모든 건 하염없이 사라지나가 버리고

그리움이 된다.

_푸시킨

인생이란 학교에는 불행이란 훌륭한 스승이 있다.

그 스승 때문에 우리는 더욱 단련되는 것이다.

_프리체

이 세상에는 행운도 불운도 없다.

다만 생각하기에 달렸다.

_셰익스피어

자기 자신을 지배하지 못하는 자는 결코 자유로울 수 없다.

_괴테

고통이 남기고 간 뒤를 보라!

고난이 지나면 반드시 기쁨이 스며든다.

_괴테

눈물과 더불어 빵을 먹어 보지 않은 자는

인생의 참다운 맛을 모른다.

_괴테

우선 무엇이 되고자 하는가를 자신에게 말하라!

그리고 해야 할 일을 하라.

_에픽토테스

내가 헛되이 보낸 오늘은

어제 죽어간 이들이 그토록 바라던 하루이다.

단 하루면 인간적인 모든 것을 멸망시킬 수도

다시 소생시킬 수도 있다.

_소포클레스

해야 할 것을 하라. 모든 것은 타인의 행복을 위해서,

동시에 특히 나의 행복을 위해서다.

_톨스토이

진짜 문제는 사람들의 마음이다.

그것은 절대로 물리학이나 윤리학의 문제가 아니다.

_아인슈타인

되찾을 수 없는 게 세월이니
시시한 일에 시간을 낭비하지 말고
순간순간을 후회 없이 잘 살아야 한다.

_루소

자신을 내보여라.
그러면 재능이 드러날 것이다.

_발타사르 그라시안

삶이 있는 한 희망은 있다.

_키케로

피할 수 없으면 즐겨라.

_로버트 엘리엇

먼저 핀 꽃은 먼저 진다.
남보다 먼저 공을 세우려고 조급히 서둘 것이 아니다.

_채근담

행복한 삶을 사는 데 필요한 것은 거의 없다.

_마르쿠스 아우렐리우스

어리석은 자는 멀리서 행복을 찾고,

현명한 자는 자신의 발치에서 행복을 키워간다.

_제임스 오펜하임

좋은 성과를 얻으려면

한 걸음 한 걸음이 힘차고 충실하지 않으면 안 된다.

_단테

네 믿음은 네 생각이 된다.

네 생각은 네 말이 된다.

네 말은 네 행동이 된다.

네 행동은 네 습관이 된다.

네 습관은 네 가치가 된다.

네 가치는 네 운명이 된다.

_간디

혼히 사람들은 기회를 기다리고 있지만,

기회는 기다리는 사람에게 잡히지 않는 법이다.

우리는 기회를 기다리는 사람이 되기 전에

기회를 얻을 수 있는 실력을 갖춰야 한다.

일에 더 열중하는 사람이 되어야 한다.

_안창호

물러나서 조용하게 구하면 배울 수 있는 스승은 많다.

사람은 가는 곳마다 보는 것마다

모두 스승으로서 배울 것이 많은 법이다.

_맹자

재산을 잃은 사람은 많이 잃은 것이고,

친구를 잃은 사람은 더 많이 잃은 것이며,

용기를 잃은 사람은 모든 것을 잃은 것이다.

_세르반테스

돈이란 바닷물과도 같다. 그것은 마시면 마실수록 목이 말라진다.

_쇼펜하우어

사막이 아름다운 것은 어딘가에 샘이 숨겨져 있기 때문이다.

_생텍쥐페리

고개 숙이지 마십시오.

세상을 똑바로 정면으로 바라보십시오.

_헬렌 켈러

행복의 한쪽 문이 닫히면 다른 쪽 문이 열린다.

그러나 흔히 우리는 닫힌 문을 오랫동안 보기 때문에

우리를 위해 열려 있는 문을 보지 못한다.

_헬렌 켈러

만족할 줄 아는 사람은 진정한 부자이고,

탐욕스러운 사람은 진실로 가난한 사람이다.

_솔론

곧 위에 비교하면 족하지 못하나, 아래에 비교하면 남음이 있다.

_명심보감

그대의 하루하루를 그대의 마지막 날이라고 생각하라.

_호라티우스

당신이 할 수 있다고 믿든 할 수 없다고 믿든

믿는 대로 될 것이다.

_헨리 포드

자신이 해야 할 일을 결정하는 사람은

세상에서 단 한 사람,

오직 나 자신뿐이다.

_오손 웰스

가난은 가난하다고 느끼는 곳에 존재한다.

_에머슨

문제점을 찾지 말고 해결책을 찾아라.

_헨리 포드

도중에 포기하지 말라. 망설이지 말라.

최후의 성공을 거둘 때까지 밀고 나가자.

_헨리 포드

이미 끝나 버린 일을 후회하기보다는

하고 싶었던 일을 하지 못한 것을 후회하라.

_탈무드

무릇 지킬 만한 것보다 네 마음을 지키라

생명의 근원이 이에서 남이니라.

_성경(잠언 4:13)

사람이 마음으로 자기의 길을 계획할지라도

그의 걸음을 인도하시는 이는 여호와시니라

_성경(잠언 16:9)

모든 지킬 만한 것 중에 더욱 네 마음을 지키라

생명의 근원이 이에서 남이니라

_성경(잠언 4:23)

도가니는 은을, 풀무는 금을 연단하거니와

여호와는 마음을 연단하시느니라

_성경(잠언 17:3)

너는 마음을 다하여 여호와를 신뢰하고

네 명철을 의지하지 말라

너는 범사에 그를 인정하라

그리하면 네 길을 지도하시리라

_성경(잠언 3:5~6)

마음의 즐거움은 얼굴을 빛나게 하여도

마음의 근심은 심령을 상하게 하느니라

_성경(잠언 15:13)

사랑은 봄에 피는 꽃과 같다.

그래서 메마른 폐허나 오막살이 집일지라도

희망과, 훈훈한 향기를 품게 해준다.

_귀스타브 플로베르

사랑도 고통 없는 사랑이 없고

사랑이 시작되면 고통도 시작되며

고통이 없으면 이미 사랑이 아니다.

_괴테

사랑하는 여자를 굳세게 보호할 수 있는 자만이

사랑하는 그 여자의 사랑을 받을 가치가 있다.

_괴테

인간이 산다는 것은 곧 사랑한다는 것이고
사랑하지 않는다는 것은 살지 않는다는 것과 같다.

_루소

만약에 내가 사랑이 무엇인지 안다면
그것은 당신 때문이다.

_헤르만 헤세

중요한 것은 사랑을 받는 것이 아니라
사랑을 하는 것이었다.

_서머셋

사랑하는 것은 천국을 살짝 엿보는 것이다.

_카렌 선드

사랑의 힘은 사랑을 몸소 경험해 볼 때가 아니면 알 수 없다.

_아베 플레보

사랑이란

한 남자가 한 여자에게서만 만족을 얻으려는 노력이다.

_폴 제라르니

사랑의 고통은 다른 어떠한 즐거움보다 달콤하다.

_존 드라이든

사랑 받고 싶다면 사랑하라,

그리고 사랑스럽게 행동하라.

_벤자민 프랭클린

사랑은 자신 이외에 다른 것도 존재한다는 사실을

어렵사리 깨닫는 것이다.

_아이리스 머독

사랑에 의한 상처는 더 많이 사랑함으로써 치유된다.

_헨리 데이비드 소로우

가장 끔찍한 빈곤은

외로움과 사랑받지 못한다는 느낌이다.

_마더 테레사

사랑이란 서로 마주보는 것이 아니라,

둘이서 똑같은 방향을 내다보는 것이다.

_생텍쥐페리

지혜로운 자는 사랑하고, 그렇지 않은 자들은 탐한다.

_아프라니우스

사랑에는 세 종류가 있다.

첫째 아름다운 사랑, 둘째 헌신적인 사랑, 셋째 활동적인 사랑.

_톨스토이

사랑이란 자기희생이다.

이것은 우연에 의존하지 않는 유일한 행복이다.

_톨스토이

사려 분별이 있는 사랑을 하려는 따위의 남자는,

사랑에 대해서 손톱만큼도 알고 있지 못하다는 증거이다.

_A. 콩트

사랑은 눈으로 보이는 게 아니라 마음으로 보인다.

그러므로 사랑은 눈먼 큐피트이다.

_세익스피어

사랑은 내게 질문하지 않으며, 다만 끝없는 지지를 준다.

_세익스피어

진정한 사랑은 자고로 순탄하지 않다.

_세익스피어

사랑은 맹목적이다.

연인들은 자기 스스로 저지르는 어리석음을 잘 보지 못한다.

_세익스피어

구해서 얻는 사랑은 좋다.

구하지 않았는데 얻는 사랑은 더욱 좋다.

_세익스피어

사랑하고 이별하는 것이, 전혀 사랑하지 않는 것보다 낫다.

_알렉산더 테니슨

사랑에는 항상 광기가 존재한다.

그러나 광기에는 항상 이유가 존재한다.

_프레드리히 니체

사랑으로 행해진 일은 언제나 악을 초월한다.

_프레드리히 니체

사랑하고 그것을 이루는 것은 최고의 것이다.

사랑하고 그것을 잃는 것이 그다음으로 최고의 것이다.

_윌리엄 테커레이

인생에서 최고의 행복은 사랑받고 있다는 확신을 갖고 있을 때이다.

_빅터 휴고

세상에서 가장 아름답고 최고의 것은 보거나 만질 수 없다.

가슴으로 느껴져야만 한다.

_헬렌 켈러

겁쟁이는 사랑을 드러낼 능력이 없다.

사랑은 용기 있는 자의 특권이다.

_마하트마 간디

함께 있을 때 웃음이 나오지 않는 사람과는

결코 진정한 사랑에 빠질 수 없다.

_아그네스 리플라이어

사랑이나 시에는 기술이 필요하지 않다.

시인은 하늘이 만들어 내는 것이고, 연인은 사랑이 만들어 내는 것이다.

_틸소 데. 모리나

지식은 배움으로,

신뢰는 의심으로,

기술은 실습으로,

사랑은 사랑으로 얻는다.

_T. 스자츠

만유인력은

사랑에 빠진 사람을 책임지지 않는다.

_알버트 아인슈타인

바다에는 진주가 있고, 하늘에는 별이 있다.

그러나 내 마음, 내 마음, 내 마음에는 사랑이 있다.

_H. W. 롱펠로

사랑은 마음의 즐거운 특권이다.

사랑은 모든 살아 있는 것의 이유이다.

_P. J. 베일리

다른 사람으로부터 사랑받지 못하는 사람은,

다른 사람을 사랑하지 않는다.

_라파데르

사랑의 비극이란 없다.

비극은 사랑이 없는 곳에만 존재한다.

_테스카

사랑의 고뇌처럼 달콤한 것은 없고,

사랑의 슬픔처럼 즐거운 것은 없으며,

사랑의 괴로움처럼 기쁜 것은 없고,

사랑으로 죽는 것만큼 행복한 일은 없다.

_모리쓰 아른트

사랑이란 상실이며 단념이다.

모든 것을 남에게 주어 버렸을 때

사랑은 더욱 풍부해진다.

_구코

사랑은 늙는 것을 모른다.

_스탕달

사랑에는 한 가지 법칙밖에 없다.
그것은 사랑하는 사람을 행복하게 만드는 것이다.

_스탕달

사랑은 인간에게 몰아를 가르친다.
따라서 사랑은 인간을 괴로움에서 구해준다.

_톨스토이

사랑은 사람이다. 사람은 사랑이다.

_백대현

우리는 완벽한 사람을 만남으로써 사랑하게 되는 것이 아니라,
불완전한 사람이 완벽하게 보이게 되는 것을 배움으로써 사랑하게 된다.

_익명

한때 사랑하고 이별해 보는 것이

전혀 사랑해 보지 않은 것보다 훨씬 값지다.

_익명

죽음보다도 강력한 것은 이성이 아니라 사랑이다.

_익명

사랑은 오래 참고

사랑은 온유하며 시기하지 아니하며

사랑은 자랑하지 아니하며 교만하지 아니하며

무례히 행하지 아니하며 자기의 유익을 구하지 아니하며

성내지 아니하며 악한 것을 생각하지 아니하며

불의를 기뻐하지 아니하며

진리와 함께 기뻐하고 모든 것을 참으며

모든 것을 믿으며 모든 것을 바라며 모든 것을 견디느니라.

_성경(고전 13:4~7)

사랑하는 자들아 우리가 서로 사랑하자

사랑은 하나님께 속한 것이니

사랑하는 자마다 하나님으로부터 나서 하나님을 알고

사랑하지 아니하는 자는 하나님을 알지 못하나니

이는 하나님은 사랑이심이라

_성경(요일 4:7~8)